ACTIVE LEARNING

アクティブ・ラーニングのゼロ段階

学級集団に応じた学びの深め方

河村茂雄
KAWAMURA shigeo
【著】

図書文化

はじめに

アクティブ・ラーニングは手段である

　これからの教育では、変化の時代に必要とされる、知識や技能、情報を活用して新たなものを生み出すための基盤となる様々な資質・能力（コンピテンシー）を、子どもたちに確実に育むことが必要です。

　そのなかで、教育現場では、「アクティブ・ラーニング」に関するハウツー書が求められ、「とにかく授業にグループ活動を取り入れなくては」などといったように、教員が授業展開の型を身に付けることに過熱感が出ています。しかし、アクティブ・ラーニングのねらいや子どもたちの実態をきちんと捉えず、かたちだけ取り組めば、かえって子どもたちの学習を混乱させかねません。

良質な相互作用を生む「学級集団の状態」が鍵

　子どもたちは、問題解決場面のなかで他者との関わりを通して、自ら学び取ることで、様々な資質・能力を身に付けていきます。このとき、子ども同士の相互作用の質は、学習成果に直結します。

　そして、子ども同士の相互作用の質は、かれらが所属する学級集団から大きな影響を受けます。学級集団の状態が、建設的で切磋琢磨を促すものか、相互に傷つけ合って防衛的なものかによって、子どもたちの学習意欲や学習活動には大きな差が生じるものです。

現実的で効率的なやり方を選択しよう

　教育実践は待ったなしです。

　したがって現実的に考えれば，これからの授業は，子どもたちに様々な資質・能力を育むことをめざして，学級集団の状態に合わせて構成や展開を工夫することが第一歩です。さらに実態を捉えた授業を続けるうち，結果的に，学級集団が「アクティブ・ラーニングの成果が上がる集団」として育成されていくようにしたいものです。

　教育政策の大きな転換期を迎えるなかで，教育現場では，子どもたちの学習活動に連なるものとして，教員たちの「学級集団づくり」と「指導行動」のあり方に転換が求められると思います。

　本書は，これからの学習活動のあり方について，これまでの私の研究成果を生かして，学校現場でみられる代表的な学級集団の状態などを提示しながら，大胆に提案したいと思います。学校現場で試行錯誤している方々の，たたき台にしていただけたら幸いです。

　2017年1月
　　日本の学校教育が大きく変化していく今この時期に

早稲田大学教授
博士（心理学）**河村茂雄**

目次

アクティブ・ラーニングのゼロ段階
―学級集団に応じた学びの深め方―

はじめに ———————————————————— 2

第1章 これからの学力は学級集団で育つ

1. コンピテンシーを意図的に育てる時代が来た ——— 8
   - ●「アクティブ・ラーニング」ブームへの懸念
   - ●授業改革で何が求められているのか
   - ●一人の学びからみんなの学びへ
   - ●成果に繋がるアクティブ・ラーニングと,成果に繋がらないアクティブ・ラーニング
   - ●マイ・ベストのアクティブ・ラーニング

2. アクティブ・ラーニングのゼロ段階 ——————— 14
   - ●アクティブ・ラーニングはどこで起こるか
   - ●どのような学びか

- ●級友との学びをどう担保するか
- ●活動中心の授業づくりのポイント
- ●特定の子だけが活発な状態ではダメ
- ●これまでの授業を支えていた学級集団
- ●これからの授業で求められる学級集団
- ●親和型にも二種類あった
- ●強い安定性をもつ学級集団
- ●安定と柔軟性がある学級集団

第2章 実践！マイ・ベストのアクティブ・ラーニング

- ●マイ・ベストに進めるための鉄則
- ●最適な学習活動をどう選択するか

1. 自治性が低い学級集団で ——————— 40
- ●想定される状態像
- ●「教員主導型」学習活動を軸に
- ●活用したい学習方法

2. 自治性が中程度の学級集団で ——————— 44
- ●想定される状態像
- ●「自主管理型」学習活動を軸に
- ●活用したい学習方法

3. 自治性が高い学級集団で ―― 48
- ●想定される状態像
- ●「自己教育・自主管理型」学習活動を軸に
- ●活用したい学習方法

4. 自治性がとても高い学級集団で ―― 52
- ●想定される状態像
- ●「自治型」学習活動を軸に
- ●活用したい学習方法

おわりに　教員にこれから期待されること ―― 63

コラム
- ・アクティブ・ラーニングが求められている背景 ―― 29
- ・子どもたちの授業に参加する態度 ―― 34
- ・学習への「深いアプローチ」を支援する ―― 56
- ・アクティブ・ラーニングとQ-U ―― 58

第 1 章

これからの学力は学級集団で育つ

1 コンピテンシーを意図的に育てる時代が来た

「アクティブ・ラーニング」ブームへの懸念

　昨今，子どもたちに，これからの激しい変化の時代を生きるために必要とされる，知識や技能，情報を活用して新たなものを生み出すための基盤となる様々な資質・能力（コンピテンシー）を習得させるために，アクティブ・ラーニングの視点で授業改善に取り組むことが推奨されていますが，これは，教育現場の実態を鑑みると，ハードルの高い取組みだと思います。

　私はいま大学の教員ですが，もし，「アクティブ・ラーニングを意識した授業をしていますか？」と聞かれたら，「大学院のゼミで」と答えるでしょう。すでに一定の知識や学習方法を有している大学院生には，自ら解決すべき問いを見出し，自らその答えに気付かせていきたいので，私の授業では，そのときのテーマに沿って，みんなで率直に考えや意見を交換することを大切にしています。

　このような一定の知識や学習方法を有している学習者たちが行っている「答えに自ら気づいていく」という学習プロセスを，小・中学校の子どもたちの学習活動にも取り入れることが，今後の教育改

革を通じて,すべての教員に対して,ますます期待されます。

ただし,この取組みは,すべての教員が,それぞれ目の前にいる子どもたちにとって,最適なやり方で展開する必要があります。

というのも,私は,学級集団づくりがうまくできない教員が,授業にアクティブ・ラーニングを取り入れることで,学級集団を不安定な状態にしてしまうかもしれない,また,子どもたちの学力を低下させてしまうかもしれない,という危惧を強くもっています。

本書では,子どもたちに様々な資質・能力を育てる方法として,アクティブ・ラーニングを導入する際のポイントや留意点を,私の中心的な研究テーマである学級経営の視点から解説します。

授業改革で何が求められているのか

なぜいま,アクティブなスタイルの授業(ディスカッションやディベート,グループワークなど活動的な学習形態を取り入れた授業)の充実が叫ばれているのでしょうか。

おもな理由は,子どもたちが様々な資質・能力を獲得していくためには,学習への主体的な参加を促して,協同活動を通じて活発に思考させることが有効と考えられているからです。そして,情報技術が日々更新されているなかで,学校で定番的に行われてきたような,子どもたちが教員の説明を一方的に聞くスタイルの授業は,いまの子どもたちにとって,参加する意義を見出しにくいものと考えられています。

私は，これからの授業づくりでは，子ども一人一人が「他者の考えや対話から浮かんだ考えを捉えて自分で考えを深めていく作業」に取り組めるよう，教員がどのように支援するかという視点が，ますます重要だと思います。つまり，子ども同士の「対話」と「モデリング」をどのように充実させていくかが鍵になると思います。

　ここで言う「対話」とは，自らの考えをもつ学習者たちが，「言語」を用いて，協同的な活動を通して相互に作用し合い，その過程のなかでそれぞれの学習者の知識が再構成され，新たな知識が構成されていくもの，を指します。

　また，「モデリング」とは，モデルとなる他者がやってみせるのを観察することによって，学習者が，以前はできなかったような新たな行動や態度，信念を獲得する学びを指します。

一人の学びからみんなの学びへ

　協同学習は，学習を最大化させるために，学習者に小グループで共に活動させる教育方法で，子どもたちに様々な資質・能力を育てるためのアクティブ・ラーニングとして，有効な手法の一つです。

　協同学習を展開するには，グループのなかに幾つかの前提が確立していることが推奨されます。なかでも「自分たちで自律的にできるよ」という自治性や，「お互いの利益を大切にしようよ」という関係性は重要です。特に，メンバー同士が，自分だけができている状態をよしとはしない，いわゆる「Win-Winの関係性」になって

第1章　これからの学力は学級集団で育つ

いないと，うまくいきづらいものです。これらの前提については，アクティブ・ラーニングにおいても同様のことが言えるでしょう。

成果に繋がるアクティブ・ラーニングと，成果に繋がらないアクティブ・ラーニング

図1-1を見てください。

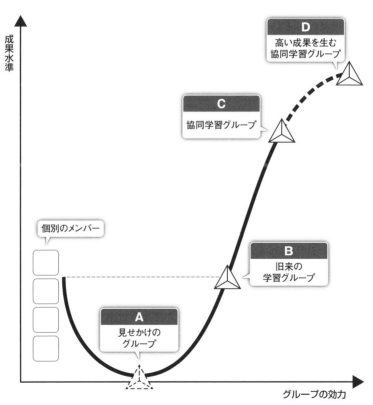

図1-1　グループの成果曲線（ジョンソンら2010に加筆）

仮にグループA～Dはいずれも四人組とします。メンバー同士の関係性が悪く協同方法が共有されていないグループ（A）では一人分の成果しか出ません。また，リーダーからやらされている状態のグループ（B）ではメンバーすべてが全力を出し切らないので三人分の成果に留まります。

　AとBのグループでは，できる子は，グループ学習よりも個別学習のほうが集中できますし，効率もいいと考えられます。

　集団が親和型（C～D）に近づくと，協同学習の良い面が出て，支え合い，学び合いが生まれるので，成果が四人分以上になります。さらに，個々のメンバーが自律したなかで相互作用が活発になると，互いの違いが刺激になり，ものすごい高め合いが期待されるD（高い成果を生む協同学習グループ）になります。

　私たちがめざしたい「C～Dのようなアクティブ・ラーニング」を具現化させるには，一定の知識や学習方法の保持，チームワークがとれるなど「学習者個人にとっての課題」と，「学習集団・グループなど組織としての課題」の双方を達成する必要があります。しかし，教育現場でそのための取組みを行うことは，簡単ではありません。他者とうまく関われない子どもたちが集い，協同意識・行動が希薄な学級集団で達成することは，なおさら難しいと思います。

マイ・ベストのアクティブ・ラーニング

　子どもたちの資質・能力を育てる方法として，アクティブ・ラー

ニングの実践について考えるとき,「うちのクラスは条件が揃っていないから,アクティブ・ラーニングの導入は無理だ」とか,「私の授業は,アクティブ・ラーニングと言われる学習形態を用いているから,ばっちりだ」などと早合点するのは違います。

　私は,子どもたちが様々な資質・能力を身に付けるのに最適な学習形態は一定でなく,「実態に規定される」と思います。別の言い方をすれば,「アクティブ・ラーニングの実践には,学級の子どもたち個々や学級集団の状態に応じた最適解がある」と思います。

　有名校の公開授業でみられるような「ザ・ベスト」のアクティブ・ラーニングをそっくり真似するよりも,自分の学級に合った「マイ・ベスト」のアクティブ・ラーニングを模索する教員でありたいものです。「マイ・ベスト」に取り組んでいくうちに,徐々に「ザ・ベスト」に近づいていくものなのです。

　ですから最適な学習形態を選択するために,定期的に学級の実態をアセスメントしましょう。子ども個人だけでなく,学級集団というスケールでも確認することが必要です。子どもたちの人間関係や,学習へのモチベーションやレディネスの個人差がどうなっているかなどを知ることが,学習形態を選択するうえでの大きな手助けとなるからです。

　第2章では,教員が,マイ・ベストのアクティブ・ラーニングを進めるうえでのヒントとなる,アクティブな学習形態を導入するときの目安などを提案します。

2 アクティブ・ラーニングの ゼロ段階

アクティブ・ラーニングはどこで起こるか

　教員が，教育を通じて，子どもたちに様々な資質・能力を育もうとするとき，「授業は学級集団のなかで行われる」という事実を，改めて強く意識したいものです。それらを，アクティブ・ラーニングで育てたいと考えているなら，なおのことです（図1-2）。

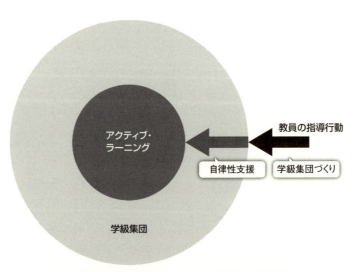

図1-2　教室でアクティブ・ラーニングが起こる仕組み（河村, 2017）

どのような学びか

　アクティブ・ラーニングを通じて，子どもたちに様々な資質・能力を育むことをめざすのであれば，次のような学びを充実させていくことが望まれます。なぜなら，子どもたちは，教員から教わる知識を受け身的に記憶するだけではなく，能動的に，状況や他者と関わるなかで，新たな知識や技能・情報を獲得し，自分の考えを再構成して深めていくことで，様々な資源・能力を身に付けていくからです。

―――― **対話を通した学び** ――――

他者と考えを交流するなかで，他者の考えを受け入れ参考にし，自分の考えと合わせて新たな考えを創出しながら，新たな知識を獲得し自ら学習する能力を高めていくような学び

―――― **モデリングによる学び** ――――

他者と活動していくなかで，他者の行動や考え方を取り入れていくような学び

―――― **思考活動を通した学び** ――――

様々な思考をめぐらすなかで，自ら気づいて身につけていくような学び

―――― **実践共同体の学び** ――――

学級集団での活動や生活を通して，級友同士の相互作用のなかで自ら学び取っていくことが期待される，場に合わせた行動の仕方・考

え方，対人関係の形成の仕方，様々な考えの統合の仕方，チームワークのとり方，リーダーシップのとり方などについての体験的な学び（実践共同体とは，そこへの参加を通して知識や技巧の修得が期待できる集団のこと）

ただし，このような学びを担保するには，授業のなかにアクティブな学習形態を取り入れるだけでは難しいと思います。

級友との学びをどう担保するか

私は，子どもたちの学び合いは，ふだんの生活や人間関係の延長線上で起こるものだと思います。学び合いが活発な学級集団では，子ども同士の話し合いや協力場面が日常的にみられるものです。

また子どもたちに様々な資質・能力を育てることをねらいとして，授業にアクティブな学習形態を導入するとき，子どもたちの授業へのモチベーションやレディネスが一様に高いと，教員は指導しやすいと思います。しかし，教育現場の実態として，子どもたちの意欲やレディネスの度合いに個人差があることは珍しくありません。

以上の観点だけをみても，アクティブ・ラーニングの実践にとって，学級集団づくりの影響は無視できないものだと思います。

つまり，教員が，授業にアクティブな学習形態を取り入れるということだけでなく，学校生活全体を通じた学級集団づくりを意図的に進めることと，子どもたちの自律性と協同性を育てるような指導行動を意識的にとることと，トータルに取り組むなかで，子どもた

ちは様々な資質・能力を身に付けていくと思います。子どもたちの主体的な学習参加と，子ども同士の能動的な相互作用による学習は，安定的な人間関係に支えられることで生起されると思うのです。

活動中心の授業づくりのポイント

　アクティブ・ラーニングのような活動中心の授業を通じて，子どもたちには知識や情報の獲得だけでなく，学習スキルや問題解決能力の育成も期待できますが，この効果を最大化させるポイントは，子どもたちの興味・関心を強く引き出すことや，子ども同士の相互作用を生み出すことです。例えば，次のような活動を取り入れることが有効です。

- 二つ以上の既有知識や技能が含まれ多様な思考が生まれる活動
- 日常生活のなかの問題解決など子どもたちが高い興味・関心をもって取り組める活動
- 複数の資料・条件を比較検討して考えることができる活動
- 帰納法，消去法や三段論法など思考の型が活用できる活動

　さらに，子どもたち自身が協同する意義を見出せるように，次のような課題を選びます。

- 答えや導き方が一つでなく，いろいろな人の考えが必要な課題
- 協同しなければできないレベルの課題

そして教員は、子どもたちの活動を観察しながら、子どもたちの学びが深まるように、授業全体を少しずつ方向づけていきます。

これは、構成的グループエンカウンターなどを実施するとき、リーダーに求められる役割とも似ています。エンカウンターなどのグループ・アプローチに取り組んでいる教員は、集団の状況を読んで、実態にマッチするようエクササイズをうまく配列することや、展開や構成を柔軟に緩めたり強めたりすることなどに馴染みがあると思います。このテクニックが、これからの授業づくりにおいて、ますます必要不可欠なものになっていきます。

特定の子だけが活発な状態ではダメ

アクティブ・ラーニングのような活動中心の授業で何が難しいかというと、メンバーの意欲や能力、学習状況などのばらつきです。

登山に例えて、「ある子どもは八合目まで行っているのに、ある子どもは六合目で止まっているという状態」があるとしましょう。ここで指導者は対策を練っていかなければなりません。めざすは全員の登頂ですから、そのためにも子ども同士の「Win-Winの関係」をつくることが欠かせません。

そこで、六合目の子どもに八合目の子どものやり方を見せて、「ああいうふうにやればいいのだな」とモデリングさせます。このように、グループ内に八合目の子どもが存在することで、六合目の子どもにとってモデリング対象はわかりやすいものです。

いっぽうで，グループ内で誰より先に進んでいる八合目の子どもにとって，モデリング対象は見つけづらいものです。八合目の子どもはモデルにできる他者を見つけられないなかで，「自分は人に教えるだけで損をしている」と考えがちです。

　しかし，八合目の子どもは，教える役割を通して学ぶことができるのです。それは，八合目の子どもは，六合目で苦労している子どもに教えるなかで，その段階の複雑さを俯瞰的に捉えることができ，そのときの自分の解決法も整理でき，かつ，違う対応方法も考えることができる，ということです。このように取り組もうとする動機を高める工夫が必要です。このように，子ども同士の相互作用を生かすことが，学び合いのポイントです。

　教員のなかには，グループ活動を仕組むとき，能力の高い子どもたちを学級のリーダーにして，そのリーダーを各グループに配置してぐんぐん進めていくというやり方に慣れている方がいます。いわば定番的なグループ活動の進め方です。このようなケースで子どもたちの関係性を捉えてみると，ピラミッド構造で固定していて，上位の子どもが下位の子どもに指示したり正答を教えたりしていることが少なくありません。しかし，「これがアクティブ・ラーニングだ」と言われると，私はちょっと違う気がします。

　子どもたちの関係性がフラットになっていて，フランクに協働できるところに，立体的な学びが生まれていくのです。つまり，学級集団のなかに，すべての子どもが状況に応じてリーダーシップを発

揮して，すべての子どもが状況に応じてフォロワーシップを発揮していくという柔軟性がなければ，真の協同学習（図1-1のC，Dレベルのグループ学習，p.11）にはなりません。

これまでの授業を支えていた学級集団

　これまで私は，「学級集団が，子どもたちの生活や学びにとって大きなマイナスになっていない」という教育実践の最低条件を確保することの重要性と方法論を提唱してきました。授業が成立して，かつ，学級集団の雰囲気が子どもたちの人権，学習意欲・行動にマイナスの影響を与えていない，という状況が，すべての学校で保障されることを願ってきました。この状態以上の学級集団は，Q-Uの全国データから推測すると，70%くらいだと思います。

　ただし，この状態に留まっている学級集団では，子ども同士の活発な相互作用から学びを獲得させたいと考えてグループ学習を仕組んでも，思うような効果を得られません。それは，子ども同士の相互作用の質が，建設的なものになりにくいからです。このような学級集団が，全国の40%くらいを占めるとみています。

これからの授業で求められる学級集団

　では，子どもたちに様々な資質・能力を育てようとして，授業にアクティブな学習形態を取り入れるとき，どんな学級集団だと高い成果が期待できるでしょうか。

私は「親和型の学級集団」ではないかと考えています。その集団の特徴については後述しますが、子どもたちが資質・能力を含んだ学力を獲得していくことを促進させる理想的な学級集団については、次のようなイメージをもっています。

　まず子どもたち個人をみると、各取組みへの意欲が高く、みんなでやっていこうというモチベーションも高いです。

　次に集団としてみると、自治的な体制が確立していて、集団としての生産性が高いです。また、集団としての考え方や活動の方向性が、しっかりと共有されています。そして、子ども同士の愛他性が高く、そのなかで自己開示がしやすいです。よって、子どもたちは「この集団が大好き」と考え、連帯感が強いのです。

　さらに、集団の目標達成を促進するP（Performance）機能と、チームワークの維持・向上に繋がるM（Maintenance）機能が、教員をモデリングして子どもから強く発揮されています。それはざっくりと言えば、「やろうよ」という言葉や、困っている子がいたら「どうしたの？」という声かけが、教員よりも先に子どもたちから出ているといったイメージです。

　以上概要を述べましたが、このような雰囲気があるから、子どもたちは自主的に協同的に学習できるのではないかと考えています。

　そして、このような学級集団は、p.12で言及した「学習者個人にとっての課題」と「学習集団・グループなど組織としての課題」の双方を達成できている学級集団、の具体像とみています。

ここで，アクティブ・ラーニングが活発な学級集団の特徴について，少し掘り下げて考えたいと思います。

　アクティブ・ラーニングが活発な学級集団では，子どもたちが学習規律やマナーを順守していて，教員がにらみを利かせたり静かにさせたりという場面はほとんどみられません。その集団では自分を出せる人間関係が確立しているだけでなく，居心地のよい生活を送るために必要なルールが，子どもたちの行動規範となっています。

　ここでいうルールとは，教員が子どもたちを管理するための規則のことではありません。このルールとは，「みんなの学級生活がよりよくなるための行動をみんなでとろう」という合意であり，実態に応じて随時修正されていきます。ですので，理想的な学級集団には，いわば「ルールの統制権が子どもたちにある」というイメージがあるのです。

　これはカナダの心理学者バンデューラが指摘したルール学習の原理に基づきます。それは，「表面に現れた行動でなく，その背景・基盤にある見えない原理・原則や価値観を学んでいるとき，メンバーはその原理・原則や価値観に従って自発的にルールを守って行動する」という考え方で，この状態を「ルールが内在化された状態」といいます。

　以下に「チャイム着席」を例として，学校現場におけるルール学習の考え方を図示します（図1-3）。ここでは三つのタイプの学級集団があるとイメージしながら読み進めてください。三つのタイプと

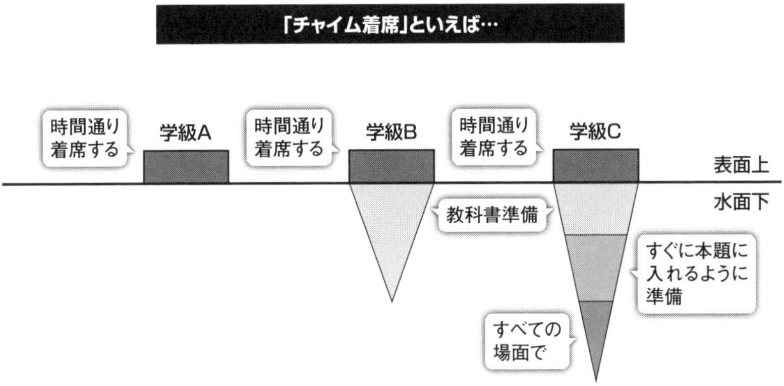

第1章 これからの学力は学級集団で育つ

「チャイム着席」といえば…

図1-3 ルール学習の段階 (河村, 2017)

も表面上は似て見えるのです。

　まず，学級Aは，チャイム着席といえば，「チャイムが鳴ったら着席する」という行動が子どもたちに合意されています。

　次に，学級Bは，チャイム着席といえば，着席することに加えて，「同時に教科書を用意しておく」という行動も合意されています。

　最後に，学級Cは，チャイム着席といえば，「時間になったらすぐに本題に入れるように準備完了の状態になっていること」までを含んでおり，かつ，「授業以外も含めた学校生活のすべての場面に適用されること」と合意されています。例えば清掃活動の場面でも，子どもたちは，その原則に沿った行動を自発的にとります。

　このとき，学級Aと学級Bは，いわば「ルールの統制権が教員にある」というイメージで，教員が見ている場合とそうでない場合

23

とで，子どもたちの行動に違いが出る場合があります。

いっぽうで，学級Cは，「チャイム着席」の意味するところが深く理解され共有されているため，その場に教員が居ても居なくても，子どもたちは自発的に行動することが期待できます。

つまり，親しい人間関係があるだけでなく，子ども一人一人にルールが内在化され，学習や協同活動への自発性が高い学級集団では，質の高いアクティブ・ラーニングが生起されやすいのです。

親和型にも二種類あった

私は，これまで教員たちが理想としてきた学級集団の状態を整理して，「親和的なまとまりのある学級集団」と命名しました。この集団には，「所属する子どもたち個々の自律性が高い」というだけではなく，「運命共同体のような強い信頼感がある」という特徴があります。

しかし，子どもたちが学習活動を通じて，知識だけでなく様々な資質・能力も獲得していくためには，学級集団に「子ども同士の相互作用が柔軟で活性化している」ことが必要です。それは人間関係が安定しているなかで，子ども同士の関わりや役割が固定されておらず，柔軟に交流できる状態，の学級集団でみられる現象です。これは，親和的なまとまりのある学級集団のなかでも一部にしかみられないものです。

親和的なまとまりのある学級集団は，ほかの状態の学級集団と比

べて集団の教育力がとても高く，平均以上の成果を上げることが期待されますが，アクティブ・ラーニングにおいて，子どもたちの学習の質が理想的なレベルにまで届くのは，そのうち1/3弱かとみています。

近年，子どもたちの学力とQ-Uの関連について研究を進めるなかで，親和的なまとまりのある学級集団に「強い安定性をもつ学級集団」と「安定と柔軟性がある学級集団」という二つのタイプがあることがわかってきました。イメージとしては，強い安定性をもつ学級集団が「支え合う学級集団」で，安定と柔軟性がある学級集団が「学び合い・高め合う学級集団」というのが近いですが，私は，この違いが，これからの教育改善のキーポイントであると確信しています。

なぜなら，安定と柔軟性がある学級集団は，強い安定性をもつ学級集団と比べて，子どもたちの学習意欲や学力が高いことが明らかになってきているからです（河村2016，河村・武蔵2016）。

強い安定性をもつ学級集団

まず，「強い安定性をもつ学級集団」の特徴ですが，周囲からは「良い学級」と評されるくらい，安定的にきびきびと行動できていますが，よく見ると，みんなから信望の厚い子が常にリーダーを務めており周囲から頼られているというものです。また，学級みんなで序列的な関係性を素直に受け入れているので，それに従っていつも同

じ態度や行動，役割をとることが，集団の和（ただし，対立をしないというレベル）を保つこととして，暗黙裡に「良し」とされています。そのため，人間関係の不確実性が少なく安心感に基づいた安定性がありますが，新たな発想や行動，役割をとることが抑制されるような雰囲気のなかで，子どもたちが生活・活動しているともいえます。

このような状態の学級集団では，子どもたち一人一人の内発的な動機や新たな発想を創出する意欲が高まらず，それらの発揮に繋がる行動などが不活発になっていきます。

ただし，強い安定性をもつ学級集団は，教員からやらされているという雰囲気が少なく，子どもたちは支え合って仲が良く，活発に生活・活動しているという点で，行動や規律が教員から強く統制された雰囲気の濃い「かたさのみられる学級集団」とは明らかに異なります。

安定と柔軟性がある学級集団

次に，「安定と柔軟性がある学級集団」の特徴ですが，強い安定性をもつ学級集団との違いとして，まず，リーダーが特定の子に固定していません。また，集団としてのまとまりが，強い安定性をもつ学級集団より弱いようにもみえますが，必要なときには，みんな誰とでも自由に活発に話し合えるので，子どもたちは，授業をはじめ諸活動のなかでディスカッションや資料の検討会に活発に取り組

みます。そのような場面が日常的に頻繁に見られます。

　このような特徴をもつ安定と柔軟性がある学級集団において，アクティブ・ラーニングを行うことは，強い安定性をもつ学級集団以上に，子どもたちの深い学びが期待できると思います。

　ところで，現代のような高度な知識社会，人的・物的交流や情報の移動が大量にしかも高速でなされるグローバル化社会では，共同体のメンバーに対して，同質的な結びつきを強めることで，信頼や協力，結束力を生んだり，協調行動をとらせる社会関係や規範の形成を促したりするのではなく，多くの人々を信用しようとする「普遍化信頼（一般的信頼）」を育てることが必要であると考えられています（アスレイナー，2004）。

　であるならば，私たちがこれからめざしたい，安定と柔軟性がある学級集団とは，「ルールが確立し安定したまとまり」があり，「普遍化信頼（一般的信頼）」に近いものが基盤にあり，「リーダーが固定されず，子どもたちがフラットにいろいろな他者と能動的に関われるような柔軟性」がある状態ではないでしょうか。

　様々な状態の子どもたちが集う教育現場ですが，授業を安定的に展開させることは，強い安定性をもつ学級集団（教員の指示に従える状態が担保されている）でも可能です。ただし，子どもたちに，【一定の知識 ∪ 汎用的能力（自ら学習する能力 ∪ 協同の意識・行動様式）】を獲得させることをめざすとき，安定と柔軟性がある学級集団の形成は，最低限必要なことです（河村，2017）。

表1-1　小学校・学級集団タイプ別の授業の特徴（河村・武蔵2016を改訂）

	親和型Aタイプ	親和型Bタイプ	かたさ型
授業全体の雰囲気	・明るく活気がある ・みんなで考えていこうという教師からの言葉がけで，そのような雰囲気が醸し出されている	・明るく活気がある ・みんなで考えていこうという教師からの言葉がけで，そのような雰囲気が醸し出されている	・児童に緊張感ややらされ感がみられる ・一方向的な知識伝達型の傾向がみられる，教師の説明が中心となっている
授業規律の状態	・一定のルールが自発的に守られているようである ・教師の指示がなくても自ら児童たちが活動することが多い（教師からの統制の言葉は少ない・言う場合も穏やかである）	・一定のルールが自発的に守られているようである ・教師の指示がなくても自ら児童たちが活動することが多い（教師からの統制の言葉は少ない・言う場合も穏やかである）	・一定のルールが守られている ・教師からのルールの遵守や統制する言葉がとても多い
児童の発言状況	・毎時半数以上の児童が発言している	・毎時半数以上の児童が発言している	・毎時五人前後の特定の児童が発言している
発言の交流状況	・一人の発言に触発されて別の考え方などの発言がみられる ・**発言内容がとても多彩である**	・一人の発言に触発されて別の考え方などの発言がみられる ・**表現が違うだけで正答に近い発言が比較的多い**	・単発の発言が多い
グループ活動の状況	・一コマの授業の中に四人程度のグループ・ディスカッションが設定されることが多い	・一コマの授業の中に四人程度のグループ・ディスカッションが設定されることが多い	・練習問題の○つけ等で，二人組が設定されている
教員の指導行動の特徴	・児童の発言を強化する，愉しく喚起する行動が多い ・自己開示がみられる ・ユーモアがある	・児童の発言を強化する，愉しく喚起する行動が多い ・自己開示がみられる ・ユーモアがある	・規律遵守をするようにという発言が多い ・教師役割での対応が多くみられる ・児童に対して威厳を示す態度や雰囲気がある
教員の発問の特徴	・すぐに正答を求めるような問いではなく，グループで話し合うテーマを与えるような問いが多い ・**考えるプロセスから学ばせる問いが多くみられる**（誰かA君の考えとB君の考えとの違いを説明してくれる？）（誰かC君がこんがらがった点を説明してくれる？）	・すぐに正答を求めるような問いではなく，グループで話し合うテーマを与えるような問いが多い ・**教師が期待する答えが察知できるような問いが多くみられる**（期待する答えをする児童の発言に，つけ足しの発言を求める）	・正答を答えさせるような発問が多い ・発問に対して児童から誤答があると注意することがしばしばみられる

＊太字はAタイプとBタイプで異なる点

コラム
アクティブ・ラーニングが求められている背景

知識基盤社会で必要な生きる力

　教育に「アクティブ・ラーニング」が求められている社会的な背景と考え方について，簡単に整理します。

　学校は社会に「生きる力」の育成を目標として掲げていますが，これからの社会を生きる力とはどのようなものでしょうか。

　生活を取り巻く環境は，「近代工業化社会」から「知識基盤社会」に移行してきたと言われます。それは，知識・情報・技術が，政治・経済・文化をはじめ，社会のあらゆる領域での活動の基盤として，飛躍的に重要性を増す社会に変化しているということです。技術革新が日進月歩で起こり，情報や知識は日々更新されます。このような社会で生きるためには，幅広い知識と柔軟な思考力などに基づく判断が一層重要です。さらに，情報を分析して活用する能力を有していないと，いたずらに情報に振り回されてしまいかねません。

　したがって，これからの子どもたちは，知識の量を増やすとともに，既有の知識や情報などを用いて問題解決しようとする能力を磨いていくことが，切に求められます。

　つまり学校は，思考力・判断力・表現力などの認知的スキルと，

意欲喚起・維持や対人関係調整，協働などに関する社会的スキルを，子どもたちにトータルに育むことが，ますます求められます。

キー・コンピテンシー（汎用的能力）の概念

　昨今，子どもたちに育てたい力についての研究が，世界規模で進んでいます。特に注目されているのが，「領域を越えて機能し，特に成果を生む行動特性」について整理しようという試みです。

　キー・コンピテンシーは，国際機関 OECD（経済協力開発機構）の DeSeCo プロジェクトが提案する能力観で，グローバル社会で必要となる人的資本を客観的に評価する指標とされています（Definition and Selection of Competencies：コンピテンシーの定義と選択）。

　そこでは，子どもたちにこれから育てたい力について，問題場面で活用できる思考力・判断力・表現力などの「認知的スキル」から，取り組む際の意欲を喚起・維持することや，対人関係を調整して協働することができるなどの「社会的スキル」までを含んで検討され，それらは，領域を越えて機能して活用する用途が広い，汎用性の高い「コンピテンシー」（資質・能力）と呼ばれ，その核になると考えられるものが，キー・コンピテンシーです。

　キー・コンピテンシーは，問題解決場面のなかで，他者との関わりを通して，自ら学び取ることで形成される能力と考えられています。それゆえ，子どもがキー・コンピテンシーを身に付けるための

有効な方法として，アクティブ・ラーニング（能動的学修）が提唱されています。

この潮流下で，世界各国で，今日的に育成すべき人間像をめぐって，キー・コンピテンシーの概念を取り入れながら，それぞれ独自に定義して，国内の教育政策を推進する枠組みとしています。

我が国では，国立教育政策研究所（2013）の「21世型能力」があります。

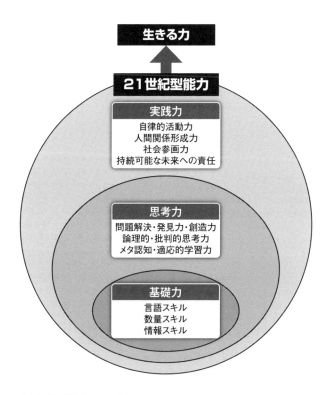

21世紀型能力のモデル（国立教育政策研究所 2013 をもとに作成）

21世紀型能力とは,「生きる力」としての知・徳・体を構成する様々な資質・能力から,特に教科・領域横断的に学習することが求められる資質・能力を抽出し,それらを「基礎」「思考」「実践」の観点で再構成したものです。すべての教科等に共通する資質・能力を明らかにすることで,「世の中について何を知っているか」から「世の中に対して何ができるか」へと教育のあり方を転換し,教育の内容,方法,評価の改善を促すことをめざしています。

　ポイントは,「思考力」を中核に,その使い方を方向づける「実践力」を外郭に位置づけていることです。つまり,社会で活かすことのできる「思考力」を想定しています。また,ICTの活用スキルを,言語や数のスキルと同様に「基礎力」として位置づけています。

教育政策の動き

　このような社会的な流れのなかで,まず大学の学部教育に対して,汎用的能力(キー・コンピテンシー)の育成が掲げられました。文部科学省中央教育審議会は,「従来のような知識の伝達・注入を中心とした授業から,学生が主体的に問題を発見し解を見出していく『能動的学修(アクティブ・ラーニング)』への転換が必要である」との見方を示しました(中央教育審議会,2012)。

　初等中等教育に対しては,平成23年度(2011年度)から実施された学習指導要領で,「自ら考え,判断し,表現する力の育成」や「学習に取り組む意欲を養うこと」などが重視されました。そし

アクティブ・ラーニングが求められている背景

て次期学習指導要領で,「主体的・対話的で深い学び(『アクティブ・ラーニング』)の視点からの学習過程の改善」が,さらに徹底されます。

コラム
子どもたちの授業に参加する態度

　大学の授業は，授業ごとに学生たちと履修についての契約（評価の仕方，参加の仕方，期待される取組みなど）が交わされたうえで，展開されることが一般的です。またアメリカの学校では，教員も子どもも「契約」に対する意識が日本よりも高く，契約違反の行動にはペナルティがあることも珍しくありません。

　いっぽうで，子どもたちがセレクトされていない日本の公立小・中学校では，子どもたちの自律性と協同性の最低限のレディネスを満たせるかが様々な活動場面で問題になります。

　そこで，ここでは，授業に取り組むときに，子どもたち一人一人が取り得る態度について，次の7段階（河村，2017）で考えてみたいと思います。

　　0：無関係
　学級全体での学習活動に賛成でも反対でもない。興味やエネルギーがなく，学級集団に形式的には所属しているが帰属意識は全くない。欠席も多く，グループ活動に参加する意欲もない。

１：拒否

学級全体での学習活動に利点を認めていない。教員から指示されても行動しない。グループ活動にも意識的に参加を拒否することが多い。逸脱行動を頻繁に行う。

２：不従順

学級全体での学習活動の利点を認めていないが，強く叱責されたくないので，言われたことはする。自分が乗り気でないことを周りに行動や態度で示すので，周りの子どもたちは自身の意欲にマイナスの影響を受ける。

３：形式的参加

学級全体での学習活動の利点は認めているので，期待されることは最低限こなして，それ以上はしない。言われたことだけすればいいと考えるので，グループ活動でフリーライドしがちである。

４：従順的参加

学級全体での学習活動の利点，期待される行動は理解している。割り振られた役割に対しては，言われたことはきちんとでき，集団の和を乱すような言動はとらないが，それ以上に工夫してやるということはない。

５：同一化的動機による参加

学級全体での学習活動で成果を上げることを望み，現状でできることで協力しようとする。係活動の役割でも進んで，み

んなのためにできることを工夫して取り組もうとする。自分で仕事を見つけて仕事をする。ほかのメンバーと積極的に協同活動を行う。

　６：内発的動機による参加
学級全体での学習活動でより高い成果を上げることを強く望む。成果を達成することに関連することを内発的に学習して，新たな提案ややり方を工夫して主体的に取り組み，かつ全体に提案しながら行動する。ほかのメンバーを積極的に建設的に活動に巻き込んでいく。

　日本の教育現場では，以上の様々な段階の子どもたちが混在していることが珍しくありません。
　授業に参加する態度として「３：形式的参加」「４：従順的参加」は賞賛されるレベルではありませんが，これまでは，最低限はできているとして，教員から叱責されるレベルではなかったと思います。
　しかし，これからの時代に必要な学力を，アクティブ・ラーニングで育てようとする場合，「５：同一化的動機による参加」「６：内発的動機による参加」レベルまで高めることが求められます。
　なお，３以下の子どもたちが一定数存在する学級集団だと，教員はその子どもたちへの個別対応と，ほかの子どもたちの対応を同時的に求められるため，集団としての最低限の安定状態を確保することが難しいです。そのような学級集団は少なくありません。

第 2 章

実践！マイ・ベストのアクティブ・ラーニング

マイ・ベストに進めるための鉄則

　第1章で述べたように，アクティブ・ラーニングを通じて子どもたちに様々な資質・能力を獲得させようとするとき，その成果は，学級集団の状態から大きな影響を受けます。

　ですから，アクティブ・ラーニングが理想的に展開できる「安定と柔軟性がある学級集団」をめざす取組みが，ますます必要です。またこのとき，最低保障ラインとして，「子どもたちの生活や学びにとって大きなマイナスにならない」状態まで学級集団を育てることが求められます。

　いっぽうで，学級集団の状態と授業のミスマッチは，子どもたちの学習活動の混乱，ひいては授業不成立や学力低下などを生じやすくさせます。これらを防ぎ，子どもたちの学びをより豊かなものとするために，教員は次の二つに，これまで以上に確実に取り組みたいものです。

①活発で建設的な相互作用が生起する学級集団を成立させる

②学級集団の状態に合わせて授業を工夫する

　①と②は相補的な関係ですが，取組みの第一歩は②です。なぜなら，子どもたちの実態を捉えた授業を続けるうちに，結果的に①に近づいていくというのが，現場での現実的な展開だからです。

　本章では，子どもたちに様々な資質・能力を育てるために，学級集団の状態に応じて授業をどう工夫すればよいか提案します。

最適な学習活動をどう選択するか

　授業は「構成」と「展開」の組み合わせ方によって，子どもたちにとって学びの多いものになったり，逆に学びが少ないばかりか学級崩壊へと向かうきっかけになったりするものです。

　そこで，アクティブ・ラーニングを通じて子どもたちに様々な資質・能力を育てるには，「子どもたちの実態にマッチするかたち」で，「子どもたちがなるべく自由に活動できる学習形態」で取り組ませたいものです。ただし，子どもたちを自由に活動させるということは，ルールが内在化していない場合，秩序のある学習活動ができなくなるという危険性があることも意識しなくてはいけません。

　基本方針は，「子どもたちの自律性や学級集団の自治性が高いほど，子どもたちに裁量と責任を委ねる」ということです。子どもたちの自律性や学級集団の自治性が高いということは，学級にルールが内在化していて，自由度の高い活動を通して，子ども同士の建設的な相互作用が自然と生まれやすい状態であるということです。

　教育現場には様々な実態がありますが，学級集団のタイプによって，アクティブ・ラーニングのあり方，最適な学習形態などは微妙に異なると考えられます。そこで本書では，子どもたちの実態に対し最適な学習形態を選択するための一つの目安として，学級集団を四つのタイプに大別して捉えることを提案します。各タイプの対応の指針については，p.40からそれぞれ解説します。

1 自治性が低い学級集団で

想定される状態像

　自治性が低い学級集団の特徴として，ここでは，「学級内の子ども同士に，協同的に活動するための方法が定着していない」ことを挙げたいと思います。

　また，次の指標に相当する学級集団は，自治性が低い学級集団に準じた対応を検討することが適当と考えられます。

- 学級集団の状態が「拡散した学級集団」や「不安定な要素をもった／荒れのみられる学級集団」と考えられる
- 集団の発達段階が「混沌・緊張期から小集団成立期への移行期程度」と考えられる

　このような学級集団は，図1-1（p.11）でいうと，「見せかけグループ」に至る状態にあると思います。

　別の言い方をすれば，自由度が高い学習活動を仕掛けたとき，子ども同士の相互作用が，個々の学びにとってマイナスになることが多いという，「学級集団のゼロ段階レベルに至るまで」の状態です。

「教員主導型」学習活動を軸に

　学級集団にルールが定着していないとき，無理に協同活動を取り入れると，子ども同士のトラブルが発生しやすいものです。

　そこで，このような学級集団で展開したいのは，教員主導型学習活動です。これは，活動させる際に教員が一定の枠を与えて，子どもたちの不安を低減させながら取り組ませるものです。

　教員主導型学習活動の基本的展開は，次の通りです。

---

①教員が学習内容と学習方法を定め，子どもたちに課題に取り組ませる

②教員が子どもたちの取組みのプロセスを把握しながら，取組みの成果を評価して，次の学習内容などを提案する

　実際の教育現場で，自治性が低い学級集団に対して，このような学習活動を仕掛けるには，「一斉指導にグループ活動を一部取り入れる」というやり方が現実的だと思います。例えば，「新たにわかった点」や「つまずいていた点」について話し合うなど，部分的に子ども同士の思考の交流を取り入れるのです。

　このとき教員は，「子どもたちに指導性も援助性も強く発揮する」といったようなPM型リーダー的行動を意識するとよいでしょう。

　以上のような教員主導型の学習活動を「アクティブ・ラーニング」

とは言いがたいですが，集団状態が不安定ななかで自由度の高い協同活動をさせる場合は，子どもたちの混乱を予防する対応をしながら展開する必要がる，という認識をもつことが必要です。

活用したい学習方法

ジョンソンらは，真の協同学習を実践するためには，グループが「互恵的な相互依存性」「対面的な相互交渉」「個人としての責任」「社会的スキルや小グループ運営スキル」「集団の改善手続き」という五つの基本要素を満たす必要があると指摘しました。

自治性の低い学級集団では，このうち，メンバー同士の助け合い励まし合いといった「対面的な相互交渉」と，「社会的スキルや小グループ運営スキル」の育成がおもなテーマになると思います。

つまり，この段階では，「子ども個々の知識・技能を活用するためのレディネスを高めること」と，「協同学習をするための方法論を学級集団に定着させること」が取組みの指針になると思います。

そこで，次の二点を提案します。

👆 実践共同体を形成・維持するソーシャルスキルを学習させる

人と関わる，社会や集団に参加し協同生活・活動するための知識と技術を総称して，ソーシャルスキル（social skills）といいます。ソーシャルスキルは学習によって獲得されると考えられています。

CSS（Classroom Social Skills）は，満足度が高く意欲的に学級生活を送る子どもたちが活用しているソーシャルスキルを抽出した，いわば「学級生活で必要とされる」ソーシャルスキルです（河村ら2007，河村ら2008）。これらを習得させるには，学級生活・活動を通じて，日々体験学習させることがポイントで，特定の時間にトピック的に取り組ませるのでは不十分だと思います。

基本的な進め方としては，多様な構成の班活動など「小さな協同の場面」を日常的に設定し，その活動のなかにCSSの学習を位置づけるというものです。その際，子どもたちに協同への「慣れ」と，協同することの「楽しさ」と「関心」を体感させるためにも，その学級集団にとってハードルの低い場面から繰り返したいものです。

授業の一部に必ず協同学習・活動を取り入れていく

協同学習・活動といっても，ペアや班学習を子どもたちに習慣化させることがねらいで，例えば，「練習問題の丸付け」「教科書の読み合い」「感想の言い合い」というレベルの内容でよいと思います。

ただし，その場面で必要なCSS（例えば，「人が話しているときはその話を最後まで聞く」など）を，事前に二つ，三つ取り上げて説明しておき，活動中は，それらについてリアルタイムで意識させます。そして，活動末には，活動内容についてはもちろんですが，スキルを活用できたかについても振り返らせます。

2 自治性が中程度の学級集団で

想定される状態像

　自治性が中程度の学級集団の特徴として，ここでは，「子どもたちに協同的な活動・行動が定着してきたが，内在化までには至っておらず，逸脱する子どもたちもいる」ことを挙げたいと思います。
　また，次の指標に相当する学級集団は，自治性が中程度の学級集団に準じた対応を検討することが適当と考えられます。

- 学級集団の状態が「かたさのみられる学級集団」や「ゆるみのみられる学級集団」と考えられる
- 集団の発達段階が「小集団成立期から中集団成立期への移行期程度」と考えられる

　このような学級集団は，図1-1（p.11）でいうと，「旧来の学習グループ」の前後の状態にあると思います。
　別の言い方をすれば，自由度が高い学習活動を仕掛けたとき，子ども同士の相互作用が，個々の学びにマイナスとなる面があり，プラスを生みにくいという，「学級集団のゼロ段階」の状態です。

「自主管理型」学習活動を軸に

　このような学級集団で展開したいのは，自主管理型学習活動です。これは，「習得―活用―探究」のうち「活用」に比重が高い学習モデルで，一定の枠内で学習活動を繰り返すもので，行動の仕方としてのルールを徐々に内在化させていくのに適しています。

　自主管理型学習活動の基本的展開は，次の通りです。

①学習内容は教員が定め，どのように取り組むかは子どもたちに委ねる（このための時間は教員が設定する）
②課題達成をめざしてグループごとに話し合わせ，子ども同士で取組みのプロセスを管理させる
③取組みの成果は自分たちである程度評価させて，次にどのように学習に迫っていくかの計画も子どもたちに立てさせる

　実際の教育現場で，自治性が中程度の学級集団に対して，このような学習活動を仕掛けるには，例えば，二コマ分を設定して，「○○時代の文化には，なぜ，○○という特徴があったのかを検討する」といったグループ学習がイメージされます。

　このとき教員は，「一定の学習内容を教え込もうという姿勢ではなく，課題にみんなで取り組もうという意欲と行動を促進する」といったようなファシリテーター的行動を意識するとよいでしょう。

活用したい学習方法

　この段階では、ジョンソンらが指摘する五つの基本要素のうち、「社会的スキルや小グループ運営スキル」と「集団の改善手続き」の育成がおもなテーマになると思います。
　つまり、子どもたちがある程度グループ活動をできるようになっているなかで、「子どもたち個々の知識・技能を活用する能力を高めたり、協同学習をする方法論をしっかり身に付けさせたりすること」が取組みの指針になると思います。
　そこで、次の二点を提案します。

☞ グループ活動のなかにグループ討議を取り入れる

　個人としての考えを明確にもたせて、ほかの子どもたちと考えや感情を交流させながら、意欲と信頼感を育成していきます。
　必要に応じて、CSSの学習を取り入れながら進めていきます。例えば、「みんなで決めたことには従う」など、事前に想定される逸脱行動には、教員が前もって説明し、注意を喚起しておくのです。

☞ 授業のなかに子どもたちで考えさせる部分を取り入れる

　協同学習を仕組んでも、子どもたちの学力や学習意欲の個人差が

あり，思考の交流が効果的に行われる可能性の低いときは，「まず前提となる知識と交流の仕方をしっかり定着させてから，次にその知識と交流の仕方をもとに思考を交流させる」という手続きをとることが有効と考えられます。

このような学習活動を検討するとき，市川（2008）が提案する「教えて考えさせる授業」が参考になるでしょう。その展開の骨子は，次の通りです。

---

①**教員からの説明（「教える」の部分）**
　基本事項を教員が共通に教える

②**理解確認課題（「考えさせる」の第 1 ステップ）**
　教科書の内容や教員の説明したことが理解できているかを確認させる子ども同士の説明活動や，教え合い活動を取り入れる

③**理解深化課題（「考えさせる」の第 2 ステップ）**
　誤解の多い問題や，教えられたことを発展させる課題を用意して，協働的問題解決をさせる

④**自己評価活動（「考えさせる」の第 3 ステップ）**
　授業でわかったことや，まだよくわからないことを個人的に記述させ，個人の取組みを振り返らせる

この各段階で，教員は，適宜，個別に，グループごとに教示的な支援が求められます。

3 自治性が高い学級集団で

想定される状態像

　自治性が高い学級集団の特徴として，ここでは，「学級内に，ルールが内在化して定着し，学級での全体の学習活動も整然と活発になされる状態」を挙げたいと思います。

　また，次の指標に相当する学級集団は，自治性が高い学級集団に準じた対応を検討することが適当と考えられます。

- 学級集団の状態が「親和的なまとまりのある学級集団」と考えられる（特に「強い安定性をもつ学級集団」）
- 集団の発達段階が「中集団成立期から全体集団成立期の移行期程度」と考えられる

　このような学級集団は，図1-1（p.11）でいうと，「協同学習グループ」の状態にあると思います。

　別の言い方をすれば，自由度が高い学習活動を仕掛けたときに期待される，子ども同士の相互作用による個々の学びへのプラス効果が，固定したグループ内でみられやすいという状態です。

「自己教育・自主管理型」学習活動を軸に

　このような学級集団で展開したいのは，自己教育・自主管理型学習活動です。これは，「活用」から「探究」への移行を志向した学習モデルで，ルールが内在化して学級全体の学習活動も整然と活発になされるなかで，より自発的な学習を促すのに適しています。

　自己教育・自己管理型学習活動の基本展開は，次の通りです。

---

①学習テーマは教員が与えるが，「どんな内容か」「どう取り組むか」「どんなメンバー構成か」は子どもたちに委ねる

②学習テーマの達成に向けて，子どもたちに定期的に自己評価させながら，自分たちの問題意識に沿うように取り組ませる

　実際の教育現場で，自治性が高い学級集団に対して，このような学習活動を仕掛けるには，例えば，一か月くらいの期間を設定して，物理的に週二コマは確保して（放課後などに活動する前提で），「興味のある職業」について同じ関心をもつメンバーで構成して，子どもたちには多面的に調べながらまとめさせるといったグループ学習がイメージされます。

　このとき教員は，「自発性を高めるために情報を与えたり，ポイントポイントでアドバイスしたりする」といったような，ファシリテーター的行動を意識するとよいでしょう。

活用したい学習方法

　この段階では，ジョンソンらが指摘する五つの基本要素のうち，「個人としての責任」と「互恵的な相互依存性」をより高めることがおもなテーマになると思います。

　つまり，「学級で協同学習はある程度できるようになっていますが，真の展開をするため，子どもたち個々の自律性を高め，類似性に基づく関係性から信頼感に基づく関係性を形成すること」が取組みの指針になると思います。

　アクティブ・ラーニングの手法に関する本がたくさん出版されていますが，それらの多くが活かしやすい段階だと思います。

　私からは，次の二点を提案します。

 学級全体で関わる活動のなかにクラス討議を取り入れる

　個人の考えを明確にもったうえで，学級全体のメンバーの考えと交流するなかで，よりよい結論を導く体験学習をさせます。

　すべての子どもにリーダーの役割をとらせたり，考えの違ういろいろな級友と意識的に関わらせます。

 協同学習の既成のプログラムを修正して活用する

Barkleyら（2005）は，協同学習について，話し合い，教え合い，問題解決，図解，文章完成の五つのカテゴリーの領域に分け，三十の技法を示しています。例えば，「ラウンド・ロビン」は，グループ活動を「課題明示→個人思考（自分なりの回答を準備）→集団思考（一人ずつ発表）」の順に構成し，より望ましい回答をめざして話し合うといった技法です。また，「特派員」は，自分たちの取り組んでいる内容をよりよくするというねらいで，グループの一人が，ほかのグループを取材し，その情報を元のグループ内で共有するといった技法です。これらのほかにも「ジグソー学習」など，この段階の学級集団で活用しやすい技法が，多く紹介されています。

　また，PBL（Problem-Based Learning：問題発見解決型学習）の活用も考えられます。PBLは，臨床実践で直面するような事例を通して，学習者に問題解決の能力や様々な知識の習得をめざした学習方法です。1960年代後半に医療系の大学から実践が始まり，他領域にも広がりました。実情はかなり多様ですが，身近な問題や事例を素材としながら，具体的な問題解決に向けてチーム学習を行うといった点に共通がみられます。

　教員が，子どもたちに様々な資質・能力を育てる方法としてPBLに取り組むことによって，「問題解決のために知識を統合的に展開していくこと」や，「チーム内の他者から学ぶ思考を身に付けること」，また「そのために学習プロセスへ主体的・能動的に関わろうとする態度」などの涵養が期待されます。

4

自治性がとても高い学級集団で

想定される状態像

　自治性がとても高い学級集団の特徴として，ここでは，「学級内の子どもたち一人一人の自律性が高く，いろいろな級友とフランクに交流ができていて，意欲的に協同学習ができる状態」を挙げたいと思います。

　また，次の指標に相当する学級集団は，自治性がとても高い学級集団に準じた対応を検討することが適当と考えられます。

・学級集団の状態が「親和的なまとまりのある学級集団」と考えられる（特に「安定と柔軟性がある学級集団」）
・集団の発達段階が「自治的集団成立期」と考えられる

　このような学級集団は，図1-1（p.11）でいうと，「高い成果を生む協同学習グループ」の状態にあると思います。

　個々の自律性と協同意識が高く，子どもたち自らが「主体的・対話的で深い学び」の生まれやすい授業展開を求めてくるという，何回かの協同学習を経験した子どもたちが到達するような状態です。

「自治型」学習活動を軸に

　このような学級集団で展開したいのは，自治型学習活動です。この学習活動は，子どもたち一人一人の自律性が高く，協同活動も十分にできるような状態の学級集団に適した，子どもたちの学習をより深めていけるようなテーマ設定と活動の展開がポイントです。

　自治型学習活動の基本的展開は，次の通りです。

①指導の際は，学習テーマをはじめ，プロジェクトの期間，活動場所や活動時間，メンバー構成もすべて，子どもたちに委ねる

　ここでいうプロジェクトとは，「共通の目的達成に向けて，多様なメンバーで構成されたチームによる活動」です。一般的にイメージされるようなアクティブ・ラーニングであり，そのなかで子どもたちの自己学習能力がさらに高まっていくものと期待されます。

　実際の教育現場で，自治性がとても高い学級集団での指導展開のイメージとしては，例えば，授業の延長線上で，様々なテーマでメンバーを集って学習チームを組ませ，自分たちでまとめさせ，自主研究論文を作成させ，発表させる，といったものが考えられます。

　このとき教員は，「問われれば，情報の集め方，テーマのポイントや論理展開をアドバイスする，取組みの意味づけをする」といったようなスーパーバイザー的行動を意識するとよいでしょう。

活用したい学習方法

　この段階では，質の高いアクティブ・ラーニングが期待できますが，さらに発展的な取組みをめざしたいものです。

「ディープ・アクティブラーニング」に繋がる方法をとる

　ここでは，ディープ・アクティブラーニングへのアプローチの第一歩として，学習活動の省察を「認知領域」に関することだけでなく，できる限り「情動・感情面」「価値観」への気づきや出来事についても省察する，ということを指摘します。

　松下（2015）は，ディープ・アクティブラーニングを，「学習者が他者と関わりながら，対象世界を深く学び，これまでの知識や経験と結びつけると同時にこれからの人生につなげていけるような学習である」と定義しました。このような学習は，子どもたちの強い関与が伴うことで，変容的学習（transformative learning）に繋がると考えられます。「変容的」とは深く徹底した変化のことです。

　Bowen（2005）は，「変容的学習は，必然的に学習者の現在のアイデンティティや世界観を脅かす」と指摘しましたが，このプロセスは，子どもたちのアイデンティティ形成に繋がり，キャリア教育に不可欠なものだと思います。

　また，変容的学習は，「以前は無批判に同化していた仮説・信念・

価値観・見方に疑問が投げかけられ，それによって，より開かれた，より柔軟な，より正当化されたものになるプロセスである」という，Cranton（2006）の定義からは，道徳教育にも不可欠な作用であることが示唆されます。

様々な活動にグループエンカウンターの要素を取り入れる

　就職活動への自分なりの指針（価値軸）を形成する取組みとして，就職活動前の大学2・3年生にエンカウンターグループなどへの参加を呼びかける試みがありますが，これと類似する効果が，小学校・中学校・高等学校の自治型学習活動が展開できるような学級集団で，期待できるのはないかと思います。

　アクティブ・ラーニングを通じて子どもたちに様々な資質・能力を身に付けさせたいのであれば，協同学習したことや取り組んだこと（プロセスも含む）に対する意味や価値について，子ども同士に本音で語り合わせることが大事です。

　自治性がとても高い学級集団には，授業をはじめとする活動や生活への子どもたちの強い関与（コミット）が日常的にあり，子ども同士が学習したことや取り組んだことの意味や価値を本音で語り合う，エンカウンターがあります。このような学びが，ディープ・アクティブラーニングになっていくと思いますし，学級集団制度に基づく教育の，究極の目標になると確信しています。

コラム

学習への「深いアプローチ」を支援する

　Biggsら（2011）は，学習への「深い」アプローチと「浅い」アプローチの特徴を，表のようにまとめました。ここでの「深い」アプローチとは，「浅い」アプローチを内包し，さらに，知識の活用や，他者との相互作用を志向した行動も含んでいます。

　学習者が「浅い」アプローチをとるとき，「与えられた知識の理解と記憶にとどまる」レベルの学習をしていると考えられます。

　いっぽうで，学習者が「深い」アプローチをとるとき，「知識を活用し，他者と相互作用し，社会で活用できるように努めている」と考えられます。

　教員は，子どもたちが，学習への「深い」アプローチをとれるように支援したいものです。ただし，子どもたちは，授業の構成と展開によって，「深い」アプローチをとる場合もあるし，「浅い」アプローチに終始してしまう場合もあります。

　しがたって教員は，⑦〜⑭の内容を含んだ授業構成を工夫していくことが求められます。

　授業をアクティブ・ラーニングの視点で改善することは，子どもたちの学習への「深い」アプローチを促すための第一歩です。

学習への深いアプローチと浅いアプローチの特徴
（Biggsら2011：溝上2014をもとに作成）

深いアプローチ	浅いアプローチ
① 記憶する	① 記憶する
② 認める・名前をあげる	② 認める・名前をあげる
③ 文章を理解する	③ 文章を理解する
④ 言い換える	④ 言い換える
⑤ 記述する	⑤ 記述する
⑥ 中心となる考えを理解する	⑥ 中心となる考えを理解する
⑦ 関連づける	
⑧ 論じる	
⑨ 説明する	
⑩ 身近な問題に適用する	
⑪ 原理と関連づける	
⑫ 仮説を立てる	
⑬ 離れた問題に適用する	
⑭ 振り返る	

> **コラム**
アクティブ・ラーニングと Q-U

学習形態は学級の実態に応じて選ぶ

　学校や教員が子どもたちに学力を育もうとするとき，子どもたちの学びにとって最適な学習形態は，「子どもたち個々の実態」（学力，ソーシャルスキルや協同意識のレベルなど），「学級集団の状態」（子どもたちの人間関係＝子ども同士の協同関係やレディネス分散の具合など），「学習内容や学習段階」に規定されます。

　よって教員は，それらをアセスメントして，子どもたちの学びがより活性化するように，学習形態を柔軟に組み合わせていくことが授業のほかあらゆる場面で求められていると思います。

Q-Uで子どもたちと学級集団の実態をつかむ

　特に，アクティブ・ラーニングの視点で授業改善に取り組むのであれば，「子どもたち個々の実態」と「学級集団の状態」を考慮することは，ますます不可欠です。Q-Uは，教員が，それらの情報を得るために有効なツールだと思います。

　Q-Uは，子どもたちの学校生活の満足感を調べる質問紙で，標準化された心理検査です。子どもたちの心の状態を多面的に調べる

ために,「学級満足度尺度」と「学校生活意欲尺度」という二つの尺度で構成されています。そして,Q-U に「ソーシャルスキル尺度」が加わったものが,hyper-QU です。

ここでは,「学級満足度尺度」を取り上げて解説します。「子どもたち個人の学級生活満足度」「学級集団の状態」「学級集団と個人との関係」を同時に把握することができる尺度として,全国で広く活用されています。

学級集団のおもな四タイプ

子どもたちが所属する学級集団に居心地の良さを感じるのは,(1) トラブルやいじめなどの不安がなくリラックスできている,(2) 自分が級友から受け入れられ,考え方や感情が大切にされている,と感じられる,という二つの側面が満たされたときです。

学級満足度尺度は,この二つの視点をもとに,子どもたちの学校生活への満足感を測定します。(1)の視点を得点化したものが「被侵害得点」,(2)の視点を得点化したものが「承認得点」です。

結果を解釈する方法としては,(1)と (2) を座標軸に捉えて,子どもたちが四群のどこにプロットされているかを見るというのが一般的です。

各群の説明は次の通りです。

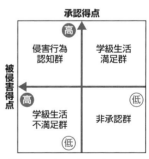

学級満足度尺度のプロット図

学級生活満足群

　被侵害得点が低く，承認得点が高い状態です。この群にプロットされる子は，学級に自分の居場所があると感じており，学級生活・活動を意欲的に送っていると考えられます。

非承認群

　被侵害得点と承認得点が共に低い状態です。この群にプロットされる子は，学級で強い不安を感じている可能性は低いですが，級友に認められることが少ないと感じていると考えられます。学級生活・活動への意欲の低下が見られることも少なくありません。

侵害行認知群

　被侵害得点と承認得点が共に高い状態です。この群にプロットされる子は，学級生活・活動に意欲的に取り組んでいると思われますが，自己中心的に進めて級友とのトラブルが生じていることがあります。また，深刻ないじめを受けていることも考えられます。

学級生活不満足群

　被侵害得点が高く，承認得点が低い状態です。この群にプロットされる子は，学級に自分の居場所があるとは感じられず，学級で生活や活動することに関して不安や緊張をもちやすい状態にあると考えられます。耐え難いいじめを受けている可能性があります。

　また，学級全員の結果を，一枚のプロット図としてまとめることで，学級集団の特徴が見えてきます。頻出パターンを紹介します。

アクティブ・ラーニングとQ-U

Q-Uでみる学級集団の特徴

親和的なまとまりのある学級集団（親和型）

ルール高
×
リレーション高

ルールとリレーションが同時に確立している状態

学級にルールが内在化していて，そのなかで，子どもたちは主体的に生き生きと活動しています。子ども同士の関わり合いや発言が積極的になされています。

かたさのみられる学級集団（管理型）

ルール高
×
リレーション低

リレーションの確立がやや低い状態

一見，静かで落ち着いた学級にみえますが，意欲の個人差が大きく，人間関係が希薄になっています。子ども同士で承認感にばらつきがあります。

ゆるみのみられる学級集団（なれ合い型）

ルール低
×
リレーション高

ルールの確立がやや低い状態

一見，自由にのびのびとした雰囲気にみえますが，学級のルールが低下していて，授業中の私語や，子ども同士の小さな衝突がみられ始めています。

不安定な要素をもった／荒れのみられる学級集団

ルール低
×
リレーション低

ルールとリレーションの確立が共に低い状態

学級内の規律と人間関係が不安定になっています。または，「かたさのみられる学級集団」や「ゆるみのみられる学級集団」の状態から崩れ，問題行動が頻発し始めています。

教育環境の低下した学級集団（崩壊型）

ルール喪失
×
リレーション喪失

ルールとリレーションが共に喪失した状態

子どもたちは，学級に対して肯定的になれず，自分の不安を軽減するために，同調的に結束したり，ほかの子どもを攻撃したりしています。

拡散した学級集団（拡散型）

ルール混沌
×
リレーション混沌

ルールとリレーションの共通感覚がない状態

ルール確立のための一貫した指導がなされていないと考えられます。子どもたちの学級に対する帰属意識は低く，教員の指示は通りにくくなっています。

集団状態と発達段階の対応イメージ

学級集団の状態(Q-U)	集団の発達段階		
「親和的なまとまりのある学級集団」で満足群に70～80%の児童生徒がいる。	自治的集団成立期		育成 ↑
「親和的なまとまりのある学級集団」で満足群に60～70%の児童生徒がいる。	全体集団成立期	中集団がつながり全体がまとまっている。	
「親和的なまとまりのある学級集団」で満足群に50～60%の児童生徒がいる。	中集団成立期	10人程度の中集団で行動している。	
かたさのみられる学級集団。 ゆるみのみられる学級集団。	小集団成立期	4～6人の小集団で行動している。	
拡散した学級集団。または,不安定な要素をもった学級集団。	混沌・緊張期	2～3人でくっついている。	↑ 回復
不安定な要素をもった学級集団。	崩壊初期	一人一人の人間関係が切れている。	
荒れのみられる学級集団。	崩壊中期	4～6人の小集団が反目し合っている。	
教育環境の低下した学級集団。	学級崩壊	集団が拡大し教師に反抗している。	

おわりに
教員にこれから期待されること

自律性と協同性を両立させる

　教育現場をサポートするなかで,「親和型だけど学力の定着がいまひとつ」という学級集団に出合うことがあります。そして,こういう学級集団での授業を見せていただくなかで,グループ活動が随所に取り入れられているものの,実質的に,教員が一方的に教え込むスタイルの授業と変わらないのでは,と感じるケースがあります。

　その特徴的な態様として,まず,教員が授業のなかで,「グループになって,みなさんで考えてみましょう」と展開するとき,ふだんから教員の発問への答えを瞬時につかむことの多い子どもたちが,各グループに配置されていることが見受けられます。

　そして,その子どもたちがそれぞれグループリーダーになり,各グループ内のまだできていない子どもたちに正解を教えます。

　その後,「グループで考えたことを黒板に書いてみましょう」と進んでいくと,どのグループも似た答えを書きます。

　ここで教員が,「みなさん,考えをよく練ることができましたね。では,ここのグループ,紹介してください」と言い,そのグループに説明をさせても,ほかの子どもたちに発表に聞き入る様子は見られません。ただし,拍手はちゃんとします。こういうとき,子どもたちは,「答えはすでにわかり切っていて聞くまでもない」と感じ

ているのではないでしょうか。

このような活動を繰り返していると，子どもたちは，「グループ学習はつまらないもの」という認識を強めていくでしょう。学力が高い子どもほど当てはまると思います。

私は，「親和型だけど学力の定着がいまひとつ」という学級集団の多くは，「強い安定性をもつ学級集団」だと考えています。

いっぽうで，アクティブ・ラーニングを導入して子どもたちに様々な資質・能力を獲得させることをめざすのであれば，「安定と柔軟性がある学級集団」での展開が理想的だと思います。

学級集団が「安定と柔軟性がある」状態に至るためには，グループや集団活動のなかで，一人一人に「自律性」が確立していなければなりません。また，お互いに十分個性を出し合い受け入れ合うなかで生まれる相互作用について，子どもたちが享受できる関係性を，学級集団に形成することが必要だと思います。

二項対立的に語られることも多い「自律性」と「協同性」ですが，学級集団のなかに両立させることに矛盾はありません。

子どもたちの自律的な活動を支援する

カウンセリング的対応ができ，学級集団をテンポよくリードし，授業をリズムよく進め，子どもたちへの対応は個に応じて丁寧。そして，すべての子どもに確実に教え込んでいく。ただし，これはかつての良い教員のイメージです。

おわりに　教員にこれから期待されること

　教員はこれから，子ども一人一人が「主体的に学習すること」を支援していくことが求められます。

　そのためにはまず，「子ども自身で行動を決定する自由度を多く与えること」がポイントです。ただし，丁寧に付き添います。

　例えば，「これをやりなさい」と命令的に伝えるよりも，「何が知りたいのですか？　どうなりたいのですか？　でしたら，どういう方法があると思いますか？」と言って一緒に考えたうえで，「あなたは，どの選択をしますか？」と問う，といった流れです。

　このような展開は教員にとってじれったいかもしれませんが，子どもたちの自律的に学習する能力を育てるためには必要なものです。ここでもし教員が最初から答えを言ったら，子どもにとって「知識を記憶するだけの学習」になってしまうと思います。

　もう一つのポイントは，「情報を構造的に伝えること」です。望ましい結果を得るために，取組みのベクトルがずれないために，課題達成までの見通しや，効果的な方法を伝えるときに，教員が子どもたちに与える情報の量と明瞭さが求められます。いわば，「子どもが自ら取り組もうとする意欲を高める」「成果を子どもが自分で掴みとるように支援する」といったイメージです。

　例えば，私は，大学生のキャリア支援をするときは，まず，「あなたはどうなりたいのですか？」と質問します。そして，その学生の先輩たちの代表的なモデルを五パターンくらい紹介したうえで，「あなたの場合，どういうプロセスを踏めばいいと思いますか？」

と伝えます。さらに,「選択したパターンでうまくいった先輩も,スタート時はいまのあなたくらいの力でしたから,適切に努力すればきっと達成できますよ」と励まします。

このように,これからの教育には,大人の言うことを素直に聞き従う子どもを育てるというよりも,自分で考えて行動できる子どもを育てるということが,ますます期待されます。このような,自身による選択や自発性の発揮を促すことをめざした対応を,「自律性支援」と言います。

子どもたちが自律的に学習を進めることができるようになるためには,「子どもたちの自主性を尊重し,かつ,どのように学習を進めていくかの明確な道筋を示してやる」といった,子どもたちへの自律性支援が必要です。

別の言い方をすれば,子どもたちが,アクティブ・ラーニング等を通じて,これからの時代に求められる知識や技能,情報を活用して新たなものを生み出すための基盤となる様々な資質・能力を獲得することを支えるのが,子どもたちへの自律性支援なのです。

自律性支援をめざす教員の課題

自律性支援の対極は「統制」です。統制とは,一定の行動をとるようにプレッシャーを与えることです。「そんなことやっているんだったら知らないぞ」「勝手にしろ」という叱責は,統制の典型です。

教員が,子どもたちの動機を喚起するために選択する方法につい

て，その人の教員としての信念などに基づき，「子どもへの対応に明らかな統制的行動をとるタイプの教員」と，「自律性支援を志向するタイプの教員」に分類することができます。ここでは，本人がその行動に対して自覚的かどうかは問いません。

　年配の教員には，「統制タイプ」が多いようです。私もその傾向があります。なぜなら，自分が子どもの頃，そのように育てられたからです。自分も気を付けなきゃなと感じています。

　でも，善かれと思ってやってきました。「厳しく統制的に指示したほうが早くて確実で，子どもにとってもよいはずだ」と。

　けれど，それでは，いまの子どもたちに自律性が育たない，というのが実態だと思います。教員にとって正念場だと思います。

　最後に，幾つかの研究論文や講演記録をもとにした原稿を，多くの方にわかりやすく読めるようにと，フランクに語り合って，ポイントを絞って編集してくださった，図書文化社の佐藤達朗氏に感謝します。本書が教育に関わる方々の参考になることを願います。

2017年2月
　　全国で主体的・対話的に教育実践を続けている
　　日本学級経営心理学会の多くの先生方にパワーをもらいながら

　　　　　　　　　　　　　　　　　　　早稲田大学教授
　　　　　　　　　　　　　　　　　博士（心理学）**河村茂雄**

参考文献

※著者名をもとにした五十音順（海外はA to Z），同一著者内は刊行順で表記した

－ 国内 －

アスレイナー,E.M.,西出優子（訳）(2004)．知識社会における信頼．宮川公男・大守隆（編）ソーシャル・キャピタル－現代経済社会のガバナンスの基礎－．東洋経済新報社,pp.123-154.

市川伸一(2008)．「教えて考えさせる授業」を創る．図書文化．

河村茂雄・品田笑子・藤村一夫（編著）(2007)．いま子どもたちに育てたい学級ソーシャルスキル・小学校低学年．図書文化．

河村茂雄・品田笑子・藤村一夫（編著）(2007)．いま子どもたちに育てたい学級ソーシャルスキル・小学校中学年．図書文化．

河村茂雄・品田笑子・藤村一夫（編著）(2007)．いま子どもたちに育てたい学級ソーシャルスキル・小学校高学年．図書文化．

河村茂雄・品田笑子・小野寺正己（編著）(2008)．いま子どもたちに育てたい学級ソーシャルスキル・中学校．図書文化．

河村茂雄(2010)．授業づくりのゼロ段階．図書文化．

河村茂雄(2010)．日本の学級集団と学級経営．図書文化．

河村茂雄(2012)．学級集団づくりのゼロ段階．図書文化．

河村茂雄(2014)．学級リーダー育成のゼロ段階．図書文化．

河村茂雄(2016)．学級集団の状態と授業の展開との関係－アクティブラーニングの視点から－．早稲田大学大学院・教育学研究科紀要,26,29-42.

河村茂雄・武蔵由佳(2016)．小学校におけるアクティブラーニング型授業の実施に関する一考察－現状の学級集団の状態からの検討－．教育カウンセリング研究,7(2),1-9.

河村茂雄(2017)．アクティブラーニングを成功させる学級づくり－「自ら学ぶ力」を着実に高める学習環境づくりとは－．誠信書房．

国立教育政策研究所(2013)．教育課程編成に関する基礎的研究　報告書5　社会の変化に対応する資質や能力を育成する教育課程編成の基本原理．

ジョンソン,D.W.・ジョンソン,R.T.・スミス,K.A.,関田一彦(監訳)(2001).学生参加型の大学授業－協同学習への実践ガイド－.玉川大学出版部.

ジョンソン,D.W.・ジョンソン,R.T.・ホルベック,E.J.,石田裕久・梅原巳代子(訳)(2010).改訂新版　学習の輪－学び合いの協同教育入門－.二瓶社.

中央教育審議会(2012).新たな未来を築くための大学教育の質的転換に向けて－生涯学び続け,主体的に考える力を育成する大学へ－(答申).

中央教育審議会(2015).教育課程企画特別部会における論点整理について(報告).

バンデュラ,A.,原野広太郎(監訳)(1979).社会的学習理論－人間理解と教育の基礎－.金子書房.

松下佳代(編著)(2015).ディープ・アクティブラーニング－大学授業を深化させるために－.勁草書房.

溝上慎一(2014).アクティブラーニングと教授学習パラダイムの転換

－ 海外 －

Albanese,M.A., & Mitchell,S. (1993). Problem-based learning: A review of literature on its outcomes and implementation issues. *Academic Medicine,* 68 (1), 52-81.

Barkley,E.F., Cross,K.P., & Major,C.H. (2005). *Collaborative learning techniques: A handbook for college faculty.* San Francisco,CA: Jossey-Bass.

Bowen,S. (2005). Engaged learning: Are we all on the same page? *Peer Review,* 7(2), 4-7.

Biggs,J., & Tang,C. (2011). *Teaching for quality learning at university(4th ed.).* Berkshire,England: The Society for Reserch into Higher Education & Open University Press.

Cranton,P. (2006). *Understanding and promoting transformative learning: A guide for educators of adults(2nd ed.).* San Francisco,CA: Jossey-Bass.

Johnson,D.W., Johnson,R.T., & Holubec,E.J. (1993). *Circles of learning: Cooperation in the classroom(4th ed.).* Edina,MN: Interaction Book Company.

著者紹介［2017年2月現在］

河村　茂雄　かわむら・しげお

早稲田大学教育・総合科学学術院教授

筑波大学大学院教育研究科カウンセリング専攻修了。博士（心理学）。公立学校教諭・教育相談員を経験し，岩手大学助教授，都留文科大学大学院教授を経て，現職。

日本学級経営心理学会理事長，日本教育カウンセリング学会理事長，日本教育心理学会社員，日本カウンセリング学会理事，日本教育カウンセラー協会岩手県支部長。

論理療法，構成的グループエンカウンター，ソーシャルスキルトレーニング，教師のリーダーシップと学級経営の研究を続けている。「教育実践に生かせる研究，研究成果に基づく知見の発信」がモットー。

著書

『教師のためのソーシャル・スキル』『教師力（上・下）』『学級崩壊に学ぶ』『アクティブラーニングを成功させる学級づくり』（以上，誠信書房），『日本の学級集団と学級経営』『学級集団づくりのゼロ段階』『学級リーダー育成のゼロ段階』『学級担任の特別支援教育』（以上，図書文化），『教師のための失敗しない保護者対応の鉄則』（学陽書房）ほか多数。

アクティブ・ラーニングのゼロ段階
―学級集団に応じた学びの深め方―

2017年3月10日　初版第1刷発行　［検印省略］
2017年10月10日　初版第2刷発行

著　　者	河村茂雄ⓒ
発 行 人	福富　泉
発 行 所	株式会社 図書文化社
	〒112-0012　東京都文京区大塚1-4-15
	TEL：03-3943-2511　FAX：03-3943-2519
	http://www.toshobunka.co.jp/
装　　幀	中濱健治
Ｄ Ｔ Ｐ	有限会社 美創
印刷・製本	株式会社 厚徳社

ISBN978-4-8100-7689-9　C3037

[JCOPY]〈出版者著作権管理機構 委託出版物〉
本書の無断複製は著作権法上での例外を除き禁じられています。複製される場合は，そのつど事前に，出版者著作権管理機構（電話 03-3513-6969，FAX 03-3513-6979，e-mail：info@jcopy.or.jp）の許諾を得てください。
乱丁・落丁本の場合はお取り替えいたします。
定価はカバーに表示してあります。

河村茂雄の学級経営

学級経営についての研究を続ける著者が，学級集団制度に伴う，学校教育最大の「強み」と「危機」を浮き彫りにしながら，集団の教育力を生かす学校システムを生かす教育実践を提案します。

●入門編

学級づくりのためのQ-U入門
A5判 本体1,200円+税

授業づくりのゼロ段階
A5判 本体1,200円+税

学級集団づくりのゼロ段階
A5判 本体1,400円+税

学級リーダー育成のゼロ段階
A5判 本体1,400円+税

アクティブ・ラーニングのゼロ段階
A5判 本体1,200円+税

●実践編

Q-U式学級づくり
小学校(低学年／中学年／高学年)／中学校
B5判 本体各2,000円+税

学級ソーシャルスキル
小学校(低学年／中学年／高学年)／中学校
B5判 本体2,400円～2,600円+税

ここがポイント
学級担任の特別支援教育
B5判 本体2,200円+税

●応用編

学級集団づくりエクササイズ
小学校編／中学校編
B5判 本体各2,400円+税

授業スキル 小学校編・中学校編
－学級集団に応じる授業の構成と展開－
B5判 本体各2,300円

学級タイプ別 繰り返し学習のアイデア
小学校編・中学校編
B5判 本体各2,000円

学級崩壊 予防・回復マニュアル
B5判 本体2,300円

シリーズ 事例に学ぶQ-U式学級集団づくりのエッセンス
集団の発達を促す学級経営
小学校（低／中／高）・中学校・高校
B5判 本体2,400円～2,800円

シリーズ 事例に学ぶQ-U式学級集団づくりのエッセンス
実践「みんながリーダー」の学級集団づくり
小学校／中学校 B5判 本体各2,400円+税

図書文化